13歳からの読解力

正しく読み解き、自分の頭で考えるための勉強法

大東文化大学文学部教授
山口謠司

PHP研究所

はじめに

「日本人の読解力が低下している」というニュースを覚えている人も多いでしょう。２０１８年に行った国際学習到達度調査（ＰＩＳＡ）の結果、日本の15歳の『読解力』が前回の8位から過去最低の15位に急落したというのです。

私も最近とくに、教育現場の方から生徒の読解力を高めるにはどうしたらよいのかといった相談を受ける機会が増えました。また、本書の執筆も同様の問題意識をもった出版社から声をかけられたのがきっかけです。

なぜ、私が本書の執筆を相談されたのかといえば、文献学という研究をするために、日本語、英語、中国語、フランス語などの、さまざまな言語で書かれた文献を数えきれないほど（数十万冊）読破してきた経験があること。そして、日本語や言葉に関する書籍を書いてきたことにあるようでした。とにかくたくさんの本を読んでいるのだから、そのコツをまとめてほしいというのです。

ありがたい申し出だと二つ返事で引き受け、この本を書き始めたものの、少し困ってしまいました。「読解力とはなにか？」という問いに答えるのは簡単なことには思えなかったためです。一般的には「文章を正しく理解する力」でしょう。それだけでも十分だと思えます。でも、それでは足りないように感じたのです。

「読解力」を私なりに定義するとすれば、「言語活動を通じて、より多くの知識を学び、表現する力」ということになります。

「活字離れ」といわれるように、今では本を読む機会が減っています。その代わりに、さまざまなWebサイトから情報を得たり、動画を視聴して情報を得たり、あるいはSNSでコミュニケーションをしたりと、言葉に触れる機会はとても増えています。大切なのは量ではなく、溢《あふ》れる言葉とどのように向き合うかです。

同じ本（あるいは、映画や動画でも）を読んでいるのに、どうしてあんなに多くのことに気がつくのだろう？

みなさんの周りにいる人から、そんなことを感じたことがあるはずです。それは、その人がもともと頭が良いからではありません。ちょっとした意識の変化でだれもが身につけることができる力です。

改めて「読解力」とは何でしょう。具体的にいえば「読む力」「書く力」「考える力」「伝える力」の総合力です。詳しくは本文で紹介しますが、こうした総合的な言語能力を磨くことで、さまざまな言葉からより多くのことを学び、発想していくことができるようになるのです。

難しそうだなと感じた方も安心してください。本書では、面倒な文法や、頑張って暗記しなければならないような複雑なテクニックは出てきません。ここに記したのは私自身が今振り返って、中学生のうちに知っておきたかったと思える、基本的な考え方や、現在も役に立っている習慣だけを厳選して、できるだけコンパクトにまとめたものです。

人は、それぞれ、自分にしかできない力を持っています。

その力を発見し、育て、開花できるのは、「自分」以外にありません。

学校で教わることは、その基本的な「型」なのです。あとは、自分で工夫していかなければなりません。

私たちに必要なのは、目の前の「結果」だけではありません。

大切なのは、なにからも束縛を受けず、自由になること。そして自由に、自分が好きなことに没頭できる時間と空間と環境をつくることです。

勉強でも趣味でも、なんでもいいのです。自分の心が喜びに満ちていて、やりたいことがどんどん湧いてくる。そして、それをどんどん好きなだけ、好きな時に、好きなところでやっていくための力を手に入れる。

そのための知識や技術は、人から学ぶこと、本を読むことで培《つちか》われていきます。

そして、同時に、今度は学んだことを書いたり、話したりして人に伝えることで使える知恵として整理していくことが大切です。

「読解力」とは、「勉強」のためだけの力ではありません。それは、自分の才能をのばしながら活き活きと生きる力、自由になるための力、そして自分の心をワクワクさせるための原動力です。

自分の夢を叶《かな》えるための「読解力」、みなさんに、本書を通じて身につけてほしいと思うのです。

2020年9月吉日

山口謠司　拝

もくじ

第2章　「書く力」を鍛える

第3章 「考える力」を高める

第4章 「伝える力」をのばす

第5章　すぐにはわからないことで世の中は満ちている

装丁
西垂水敦（krran）

装画・本文イラスト
はしゃ

第１章

「読む力」を磨く

そもそも日本語って難しい

主語が省略されていても通じるのは日本語だけ

この本では、「読解力」をつけることの大切さと、その方法についてお伝えします。

「読解力って、なんだか難しそう」と感じるのも無理はありません。そもそも、日本語はとても難しい言葉だからです。

次のような会話をよく耳にします。

「食べた?」
「まだ」

「すごいでしょ」

「マジ？」

「なんにする？」

「私、イチゴケーキ」


じつは、日本語では当たり前に通じてしまうこのような会話は、**外国の人が聞くと、さっぱり意味がわからない**のです。


「食べた？」誰がなにを食べたのか？

「まだ」誰がまだなにを食べていないのか？

「すごいでしょ」なにがすごいのか？

いるのか？

「マジ？」すごいと思っているのか、思っていないのか？　それとも嘘だと思っているのか？

「私、イチゴケーキ」もおかしいですね。あなたは人であって名前がまさか「イチゴケーキ」ではありませんよね。

主語や目的語を省略しているのにどうして会話が成り立つのか、外国の人はとても不思議に思うのです。英語やフランス語などでは、主語の省略は決してありません。

また、最近はメールやＳＮＳのやり取りで、絵文字や「秒で」（「すぐに」の意味）、「りょ」「り」（「了解」の意味）など略語が多く使われています。

省略したり、絵文字や新しい言葉でその時の気持ちを表現することも、日本語の歴史の中では古くから行われてきました。

自分と他人との関係やその場の状況に繊細《せんさい》な、「空気を読む力学」がこうした日本語を生み出してきました。

空気を読まなければならない日本語は、そういう意味においては、とてもこまやかで、外国語にはない不思議な言語です。それゆえに読み取ることが難しい言葉なのですが、だからこそ、意識的に読解力を培うことが必要なのです。

日本語だけがこんなに複雑

日本語は表記の面でも外国語にはない特徴をもっています。

表記に、漢字〈カタカナ〉〈ひらがな〉ローマ字という**4種類の異なる文字を使い分ける言語は、世界でも日本語以外にはありません**。

日本で初めて使われた文字は漢字でした。漢字が日本に伝わった正確な時期はわかっていませんが、中国大陸から日本に渡ってきた渡来人によって5世紀頃までに伝来していたことはたしかです。文字をもっていなかった古代の日本人は、漢字を使って日本語を書く技術を発明したのでした。

たとえば、「ア」と発音される音に漢字の「阿」を、「イ」には「伊」をあてるなど、漢字の発音を利用して日本語を綴《つづ》る方法が生まれました。

すでに471年に作られたとされる鉄剣（埼玉県行田《ぎょうだ》市の稲荷山《いなりやま》古墳から出土）に、この方法が使われています。

また、604年に定められたとされる聖徳太子の『十七条憲法』は、漢文で書かれていますが、日本語の語順や日本語ふうの表現が認められる「和臭のする漢文」になっています。これは、この時代から第二次世界大戦が終わるまで使われていく和風漢文体です。

日本人は、5世紀頃から綿々と漢字と格闘し、ついに800年代前半に〈カタカナ〉を、900年頃に〈ひらがな〉を生み出すことになるのです。

すでに高い語学的センスをもっている

さて、漢字〈カタカナ〉〈ひらがな〉、さらに最近では英語などのローマ字表記も含めて、あらゆる場面で、日本人は数種の文字を見事に使い分けています。

たとえば、「トイレ」を表す言葉だけで、少なくとも「お手洗い」「便所」「化粧室」「厠《かわや》」「雪隠《せっちん》」「WC」「TOILET」と、なんと8種類も類語があり、これを漢字〈カタカナ〉〈ひらがな〉ローマ字を使って表記しています。

しかも、洋風のレストランではだいたい「WC」「TOILET」、料亭や小料理屋には「厠」や「雪隠」、定食屋さんなどでは「お手洗い」「便所」「化粧室」など、それぞれの場所に合った言葉で、「トイレ」を表記しているのです。

同じことは、「私」「僕」「俺」「吾輩《わがはい》」など、自分を表す一人称にもいうことができるでしょう。

さらに、「です・ます調」「だ・である調」など文体も書き分け、尊敬語や謙譲語など、複雑な敬語の使い分けもしています。

日本語を母国語とする人、日本語の環境で育った人たちは、時と、その場に合った言葉を自在に使い分ける力を備えているのです。

漢字〈カタカナ〉と〈ひらがな〉に対する無意識の使い分けなどを考えても、**日本語人は、優《すぐ》れた語学的センスをもっている**と言っていいのではないでしょうか。

では、なぜこの語学的センスを、自然に、あまりにも当たり前なものとして身につけているのに「読解力が足りない」のでしょうか？

シンプルな文章でも読み解くのは難しい

この童話を読み解けますか?

ではさっそくですが、はじめに問題を出したいと思います。次の文章を読んで、あとの3つの問題に答えてください。

デンデンムシノ　カナシミ

イッピキノ　デンデンムシガ　アリマシタ。
アル　ヒ　ソノ　デンデンムシハ　タイヘンナ　コトニ　キガ　ツキマシタ。
「ワタシハ　イママデ　ウッカリシテ　ヰタケレド、ワタシノ　セナカノ　カ

ラノ　ナカニハ　カナシミガ　イッパイ　ツマッテ　ヰルデハ　ナイカ」

コノ　カナシミハ　ドウ　シタラ　ヨイデセウ。

デンデンムシハ　オトモダチノ　デンデンムシノ　トコロニ　ヤッテ　イキマシタ。

「ワタシハ　モウ　イキテ　ヰラレマセン」

ト　ソノ　デンデンムシハ　オトモダチニ　イヒマシタ。

「ナンデデスカ」

ト　オトモダチノ　デンデンムシハ　キキマシタ。

「ワタシハ　ナント　イフ　フシアハセナ　モノデセウ。ワタシノ　セナカノカラノ　ナカニハ　カナシミガ　イッパイ　ツマッテ　ヰルノデス」

ト　ハジメノ　デンデンムシガ　ハナシマシタ。

スルト　オトモダチノ　デンデンムシハ　イヒマシタ。

「アナタバカリデハ　アリマセン。ワタシノ　セナカニモ　カナシミハ　イッパイデス。」

ソレヂヤ　シカタナイト　オモッテ、ハジメノ　デンデンムシハ、ベツノ　オトモダチノ　トコロヘ　イキマシタ。

スルト　ソノ　オトモダチモ　イヒマシタ。

「アナタバカリヂヤ　アリマセン。ワタシノ　セナカニモ　カナシミハ　イッパイデス」

ソコデ、ハジメノ　デンデンムシハ　マタ　ベツノ　オトモダチノ　トコロヘ　イキマシタ。

カウシテ、オトモダチヲ　ジユンジユンニ　タヅネテ　イキマシタガ、ドノ　トモダチモ　オナジ　コトヲ　イフノデ　アリマシタ。

トウトウ　ハジメノ　デンデンムシハ　キガ　ツキマシタ。

「カナシミハ　ダレデモ　モッテ　ヰルノダ。ワタシバカリデハ　ナイノダ。ワタシハ　ワタシノ　カナシミヲ　コラヘテ　イカナキヤ　ナラナイ」

ソシテ、コノ　デンデンムシハ　モウ、ナゲクノヲ　ヤメタノデ　アリマス。

問題1
このお話の中に、デンデンムシは全部で何匹出てきましたか？
問題2
このお話は、どうして全部カタカナで書いてあるのですか？
問題3
最後に「ソシテ、コノ　デンデンムシハ　モウ、ナゲクノヲ　ヤメタノデアリマス」と書かれています。デンデンムシが嘆《なげ》くのをやめた理由はなんですか？

まずは言葉どおりに読む

「読解力」とは、ただ文字を読むことができる、日本語の文章を読むことができるというものではありません。

私が問題に出したこの『デンデンムシノ　カナシミ』は、小学校1、2年生でもわかる、簡単な文章で書かれています。

作者は、昭和18（1943）年に29歳の若さで亡《な》くなった新美南吉《にいみなんきち》です。

新美南吉の『ごんぎつね』や『手袋を買いに』などは、小さい頃に読み聞かせしてもらったという人も多いのではないでしょうか。

さて『デンデンムシノ　カナシミ』は、小さい子にもわかりやすいお話で、漢字はひとつも使われていません。

〈カタカナ〉ばかりで、はじめは読みにくいかもしれませんが、これはすぐに慣れるでしょう。

しかし、私が出した3つの問題に答えていくのは難しいのではないでしょうか。

まず問題1。これは文章を正しく読めているかが試される問題です。

正確に答えることができますか？

答えを出していきましょう。

まず、自分の背中の殻《から》の中に、悲しみがいっぱい詰まっていると気づいてしまった「ハジメノ　デンデンムシ」がいます。

そして、その「オトモダチノ　デンデンムシ」「ベツノ　オトモダチ（ノ　デンデンムシ）」「マタ　ベツノ　オトモダチ（ノ　デンデンムシ）」がいます。

ここまでで4匹です。

その後「オトモダチヲ　ジユンジユンニ　タヅネテ　イキマシタ」とあるので、「ジュンジュンニ」から、オトモダチは最低でも2匹はいると考えられます。

ということは「少なくとも6匹」、もしくは「6匹以上」と答えなければ正解になりません。いかがですか？

しっかりと順を追って言葉どおりに読めていれば、答えを導くのは難しくないはずです。

作者の伝えたいことを読み解く

問題2は、〈ひらがな〉ではなくあえて〈カタカナ〉を使っているのはどうしてかという、表現の方法から作者の意図を読み解く問題です。

ひとつの正しい答えがあるわけではありませんので、少しいじわるな問題だったかもしれませんね。

ただし、このような問題こそ、AI（人工知能）が発達したとしてもなかなか読み解けない問題、今後、ますます人間に必要とされる「考える」ことが求められるものなのです。

それでは、少し考えてみましょう。

デンデンムシという、人間ではないものを題材にしていることがひとつの理由に挙げられると思います。動物や植物の名前は、〈カタカナ〉で書かれると、人間とはまったく別の世界に住んでいるイキモノであるということを感じさせます。

とら……虎……トラ

うさぎ……兎……ウサギ

すいか……水瓜……スイカ

……こんなふうに並べてみると、〈ひらがな〉漢字〈カタカナ〉の順に、身近さを感じます。これは〈ひらがな〉が日本語の文化の根幹にあること、〈カタカナ〉で書かれるものは外界、異界のものという意識があるからです。

でも、デンデンムシを、我々人間の世界から切り離してとらえようとすること以外にも、このお話が〈カタカナ〉だけで綴《つづ》られたことの理由を考えることができます。

ここまででも、問題の答えとしては悪くありません。しかし、もう少し、別の視点からも考えてみましょう。

それは、このお話の主題である「カナシミ」に対する作者の思いです。

〈カタカナ〉は、虫や動物、植物など人間以外のものや、外国から来たものなどの名前に使われますが、これはまだ我々の世界の中に完全に入ってきていない、つまり日本語文化の中に同化していない「生々しい存在」ということを表します。

新美南吉は「悲しみ」というものを、外の世界のものとして、「生々しいもの」として**「客観的に」観ようとした**と考えられるのではないでしょうか。

誰にでも読んでもらえる、読みやすいものとして書くなら、〈ひらがな〉でもよいわけですが、〈ひらがな〉では、「カナシミ」の生々しさも、デンデンムシの身体のテラテラしたネットリさも失われて、可愛《かわい》いものになってしまいます。

この話に出てくるデンデンムシのカナシミは、もっと生々しさをもって読者に迫ってくるものでなくてはならないのです。

それは別の言い方で表現するならば「刺すようなカナシミ」です。そのようなものを、〈ひらがな〉で書いてしまったら「客観的」なものとして読者に提示することができないと、新美南吉は思ったのではないでしょうか。

もちろん、こうしたことを答えられなければ読解力が足りないといいたいわけではないので安心してください。ひとつのキーワードを提示したかったのです。

それが**「客観性」**というものです。

「客観」の反対語は「主観」です。「主観」とは、自分だけの考え方という意味です。

「客観」は自分に起こったことでも、**自分ではないほかの人の目線**（第三者視点という言い方をよくします）で観察して考えるという意味です。

そして「客観性がある」というのは、**自分だけでなく誰もが納得できる**、ということになります。

ということで、問題2、「このお話は、どうして全部カタカナで書いてあるのですか？」の答えは、「『デンデンムシとデンデンムシノカナシミ』をより客観的に読者に考えてもらうために、生々しさをもったものとして提示するため」が答えになります。

「読解力」を高めるために必要なのは「客観性」です。自分という特定の立場にとらわれずに**広い視点を意識して**読み解きましょう。

客観的に読み解く

さて、問題3は、どうでしょうか。

「ソシテ、コノ　デンデンムシハ　モウ、ナゲクノヲ　ヤメタノデ　アリマス」

……なぜ、デンデンムシは嘆くのをやめたのでしょうか？

これも難問ですね。1分や2分考えて、出てくる答えではないのではないでしょうか。

もしかしたら、これから生きていく過程で、折に触れて「どうして、デンデンムシは嘆くのをやめたの？」と立ち止まって考えるにふさわしい問題なのかもしれません。

ですが、問題2で解説した「客観性」を意識することで答えが見えてくるはずです。

本題に入る前に「カナシミ」について触れておきましょう。

すでに触れましたが、〈カタカナ〉で書かれた「カナシミ」は、「生々しさ」を「客観的」に表記したものですが、「カナシミ」には少なくとも2種類の漢字の書き分けが可能です。

「哀しみ」と「悲しみ」です。

「哀」は小学校では習わない常用漢字なので「知らない」という方も少なくないと思います。

「悲」は小学校3年生の時に教わったと思いますが、どういう「カナシミ」を意味するものだったか覚えていますか？

「悲」の「非」は、人が背中合わせになっていることを描いた象形文字で、人と人がいがみ合っていることを表します。これに「心」がついた「悲」は、反目《はんもく》したり、葛藤《かっとう》したりしている状態を意味します。つまり、心が引き裂《さ》かれた状態にある「カナシミ」なのです。

これに対して「哀」は、よく見るとわかるように「口」と「衣」で作られています。「哀」は、人の死に遭遇《そうぐう》して、どうしようもない心の痛みを感じ、嗚咽《おえつ》を漏《も》らすことを表すものなのです。

さて、デンデンムシの「カナシミ」は、「悲しみ」なのでしょうか？　それとも「哀しみ」なのでしょうか？

おそらく、新美南吉は、両方の「カナシミ」をいおうとしているのではないかと思われます。

デンデンムシは、はじめ、どうして自分だけがこんなにたくさんの「カナシミ」を背負っているのかがわかりませんでした。そして、もう生きていられないと思いつめてしまいます。

生きていることの意味を考えようとすればするほど、人は、深い「カナシミ」を感じます。それは、人間には本来、生理的欲求（食欲・性欲・睡眠欲など）や社会的欲求（お金や財産が欲しい・他の人より優れていると思われたい・尊敬されたい・嫌いな人に意地悪したい・孤独でいたくない、誰かといたい、集団の中に加わりたいなど）があるからです。

とくに、中学生から高校生にかけて、身体や心が急に成長する時期には、「カナシミ」が心の奥まで抉《えぐ》るように迫ってくることが少なくありません。

主人公のデンデンムシは、その「カナシミ」の原因や理由がどこにあるのか、自分だけが「カナシミ」を抱えているのかをたしかめるために、友達を訪ね歩くのです。そして、最終的に、「カナシミ」を背負っているのは自分だけではないということがわかります。

こうして、デンデンムシは嘆くことをやめます。

ですから問題3の答えは「悲しみを背負っているのは自分だけではないことがわかったから」ということになるでしょう。

これらの問題を通じて、こうした短い文章のシンプルな物語からでも、自分なりに「考える」ことで、より多くのことが学べる（発想できる）、ということもおわかりいただけたのではないでしょうか？

「考える」ことについては第3章で詳しく述べますが、「テストのための勉強」からは一見遠いように思えるこうしたちょっと違った角度からの読書の習慣によって、大きな視点をもつことが身につきます。そして同時に勉強もどんどん楽しくしてくれるということを知っておいてほしいのです。

「わかったつもり」が思考を停止させる

「わからない」が出発点

本を読む時に、いちばん注意していただきたいのが、わかったつもりで文章を読まない、ということです。

「わかったつもり」というのは、別の言い方をすれば、「自分で自分をだまして、自分のいいように読んでしまう」ことです。

まず、知っておいてほしいこと――それは、「目は嘘をつく」ということです。

読めない漢字があったり、知らない言葉があっても、文章の前後の関係で、その漢字や言葉の意味を推測し、「わかった」ことにすることができるでしょう。

ですが、本当に「わかった」ことと「わかったつもり」には大きな差があります。

「わかる」ためには辞書を引きながら自分なりに言葉の意味を考えたり、どうして著者がそういう言葉を使っているのかを考える必要があります。

『デンデンムシノ　カナシミ』の素晴らしいところは、「デンデンムシ」が、客観的に自分を見て、さらに「わかったつもり」で終わらせないことを教えているところではないかと考えます。

「ワタシハ　ワタシノ　カナシミヲ　コラヘテ　イカナキヤ　ナラナイ」と記されていますが、これは、**客観的であると同時に、主観的に自分自身に言い聞かせるとても大切な言葉**です。

似ているようでまったく違う表現として、「人はかなしい生き物だ」「人生ははかないものだ」などという言葉を聞くことがあります。こうした言い方をみなさんはどのように受け取りますか？

このような表現は、**「一般化」**と呼ばれます。

たとえば、こんな言葉もよく聞きますね。

「ＳＮＳが悪い犯罪を誘発している」

「暴力的なマンガが若い人たちを乱暴にしている」

などといった言い方です。

しかし、本当にそうなのでしょうか？

こういった「一般化」された言い方、みんながそう言うからそうなんだ、という考え方をするのは思考停止しているだけです。

一見正しいようにみえて、どれも書き手の「主観」にすぎません。「客観的にどうか」という視点をもつことが「わかったつもり」から抜け出す第一歩です。

客観的に自分を見られると、勉強が楽しくなる

さて、みなさんは落語を聞くことがありますか？　落語家は、着物を着て座布団に座って、言葉だけで、人が思わず笑ってしまう噺《はなし》を語ります。

上手な落語家の噺を聞いていると、頭の中に、「ハッつぁん」や「ご隠居さん」「おかみさん」の姿が、どんどん浮かんできて、まるで目の前で会話をしているのを見ているような感じになってきます。

そんなに噺が上手になるためには、厳しい練習を繰り返し行っていかなければな

りません。江戸《えど》（関東）と上方《かみがた》（関西）では違いもありますが、江戸の場合は、「前座《ぜんざ》見習い」「前座」「二ツ目《ふたつめ》」「真打ち《しんうち》」という階級があり、修業を積んでいくことで昇進することができます。

免許皆伝《めんきよかいでん》というべきものが「真打ち」ですが、どうしたら真打ちになれるかと聞くと、落語家さんがよく言うのが、「客観的に、自分が演じているところを自分で見ることができる」ということです。

同じことは、一流の役者さんや、弁護士や裁判官のような人からも聞いたことがあります。

自分の話や演技に自分が酔いしれていたら、見ている人は冷めてしまいます。また、客観的に自分のどこが良くてどこが悪いのか、なにを直さないといけないのか、ということが演じながら見えていないと、芸の向上はできません。

客観的に自分を見ることができると、自分の悪いところを直したり、もっと良くするための勉強は、全然辛くありません。全部自分を磨《みが》くためのもので、自分の成長も客観的に感じることができるのですから、勉強することは辛いどころかとても楽しい時間になります。

読む力を高める5つのポイント

1　文章を流れでつかむ

「文脈」という言葉があります。「文章の流れ」を意味するものですが、さして難しい言葉や複雑な言い回しがあるわけではないのに、文章を読んでいるうちに、よくわからなくなってしまった、という場合、この「文脈」をつかめていない場合があります。

次の文章を読んで意味をつかめるでしょうか？

ハイブリッドは「混合」や「複合」という意味で、違ったものを組み合わせるということですが、とくに、それまで考えられなかったようなものを組み合わせることに使われます。

少し詳しい人であれば、車の話だと思われたことでしょう。じつは、この文章は、本書93ページで後述する文章です。

なぜ「読解力」の本で車の話が？と不思議に思ったかもしれませんが、これは、〝第3章「考える力」を高める〟の章の中の「アイデアだって、すべては組み合わせ」という項目の一部だけを抜粋したものなのです。

前後にどんな文章があるのかは、のちほど読んでいただくとして、一部だけを抜き取ってしまうと、文章全体でなにを伝えようとしているものなのか、さっぱりわからなくなってしまいますね。

しかし、「『考える力』を高める」「アイデアだって、すべては組み合わせ」という見出しを知ったあとでは、どんな話がされているのか、ずっと想像がつきやすくなったはずです。これは「アナロジー的思考」と呼ばれます。日本語では「類比」「類推」「連想」などとも言われます。

文章を読みながら、なんの話をしているのかがわからなくなってしまった時には、流れを見直すことで理解がしやすくなります。目次や見出しがない文章の場合でも、自分が見出しをつけてしまえばずっと理解がしやすくなるはずです。

2 「主観」と「客観」、そして「客観」の中の「主観」

ここまでにも「客観性」の大切さを述べてきました。

たとえば「もう長い間雨がやまない」と書いてあれば、それは、主人公が主観的に思っていることになるでしょう。これに対して「すでに3日間、雨が降り続けている」と書いてあれば、それは事実に即して客観的な視点に立っているということになるでしょう。簡単ですね。では、もう少し掘り下げてみます。

たとえば、次のような文章を読んで、みなさんは、誰が、誰のために書いた文章だと思われるでしょうか？

①「A塾に通った生徒の60％が成績向上！」

②「A塾に通っても、4割もの人は成績が上がらなかった」

どちらも事実であることには変わりませんが、真逆の印象のことをいっています。

①は、A塾、あるいはA塾に関係する人が、A塾の宣伝のために書いた文章ですね。

②は、A塾に対して否定的な意見をもった人が書いたものだということになるでしょう。

単に**事実かどうかだけでは読み取れないこともある**のです。

「夏休みは、あと10日しか残っていない」という言い方は、「まだ、10日も残っている」とも言い換えられます。

誰が、どんな目的で、誰に向けて書いた文章なのかということを考えることがより客観性をもって情報を理解する力を育ててくれます。

ネットでは世界中の情報が手に入ります。しかし、虚偽《きょぎ》の情報でつくられたニュース＝フェイクニュースが拡散したり、誰かを故意に傷つけようとする情報も溢れています。これらをそのまま信じることはとても危険です。膨大《ぼうだい》なネットの情報から、信じてよい情報を見極める目をもたなくてはいけません。

3　5W1Hで分解して理解する

5W1Hとは、Who（誰が）、When（いつ）、Where（どこで）、What（なにを）、Why（なぜ）、How（どのように）の頭文字をとった言葉です。

文章を書く時や報告をする際に、わかりやすく内容を伝える6つのポイントです。新聞社ではこの原則にそって記事を書いています。

5W1Hは文章を読む時にも役立ちます。

先に、日本語は主語が省略されることがあるとお伝えしました。

主語を補ったり見つけたりするだけでなく、さらに「いつ」「どこで」「なにを」「なぜ」「どのように」という、詳しい内容を補ったり、当てはめて読んでみてください。

とくに難解な文章から意味を読み取るときは、とても役に立つ方法です。

夏目漱石《なつめそうせき》の『坊《ぼ》っちゃん』の冒頭の文章を見てみましょう。

「親譲の無鉄砲で小供の時から損ばかりしている」に続くのが次の文章です。

小学校に居る時分学校の二階から飛び降りて一週間ほど腰を抜かした事がある。なぜそんな無闇をしたと聞く人があるかも知れぬ。別段深い理由でもない。新築の二階から首を出していたら、同級生の一人が冗談に、いくら威張っても、そこから飛び降りる事は出来まい。弱虫やーい。と囃したからである。

それでは問題です。
この文章の主語は？
　いつ？
どこで？
なにを？
どうした？
そしてそれは、なぜ？
どのように？

答えは、「主語＝坊っちゃんが」「いつ＝小学校に居る時分」「どこで＝学校で」「なにを（どうした）＝腰を（抜かした）」「なぜ＝いくら威張っても、そこから飛び降りる事は出来まい。弱虫やーい。と囃されて」「どのように＝二階から飛び降りて」というようになります。

文章をこのように分解して理解していくようにすると、内容を要約することも、とても簡単になってきます。

4　接続詞に注目し、先を予想する

書き手の考えを読み解くには、「接続詞」に注目することも大切です。

寺山修司《てらやましゅうじ》の「羊水」という文章を引いてみましょう。

私は自分が生まれたときのことを記憶していると言い切る自信はない。（①）、ときどき初めて通る道を歩いているのに「前にも一度通ったことがある」というような気がすることがある。日の影が塀にあたっている長い裏通り。すかんぽかゆすらうめの咲いている道をあるきながら、「たしかに、ここは前にも一度通ったことがあるな」と思う。(②)それは生前の出来事だったのではないか、という気がしてくるのである。〈『誰か故郷を想はざる(抄)』寺山修司著作集4、クインテッセンス出版株式会社、2009年刊〉

①と②に、どんな接続詞を入れるとこの文章にもっともふさわしいと思いますか?

寺山が書いた文章には①に「だが」、②に「すると」が入っています。

接続詞は「順接」「逆接」「並立」「対比」「説明」「転換」……などさまざまなものがありますが、すべてをきちんと覚えようとする必要はありません。

ポイントは、著者がこれからなにを言おうとしているかに注目することです。「逆接」の「しかし」のあとには著者の言いたいことがくることが多いのです。寺山は「ときどき初めて通る道を歩いているのに『前にも一度通ったことがある』というような気がすることがある」ことについてここで書いていました。漠然《ばくぜん》と読み進めるよりも、これからなんの話をしようとするかを「接続詞」に注目して読むことで、とたんに理解しやすくなります。

ほかにも「つまり」なら「これまでの話を要約しようとしているのだな」。「なぜなら」であれば「著者の主張の根拠をいおうとしているのだな」と、接続詞に注目してみると先を予想できるようになります。

アンタって本当いい奴よね
でも……
待って
それ以上言わないで……
先が予想できる…

5　句読点が少ない場合は声に出す

谷崎《たにざき》潤一郎《じゅんいちろう》という作家の『春琴抄《しゅんきんしょう》』は、句読点が非常に少ないことで知られています。

最初こいさんに遊戯をあてがった積りの大人たちもここに至ってすこぶる当惑した毎夜おそくまで琴や三味線の音が聞えるのさえやかましいのに間々春琴の激しい語調で叱り飛ばす声が加わりその上に佐助の泣く声が夜の更けるまで耳についたりするのであるあれでは佐助どんも可哀そうだし第一こいさんのためにならぬと女中の誰彼が見るに見かねて稽古の現場へ割って這入りとうさんまあ何という事でんの姫御前のあられもない男の児にえらいことしやはりまんねんなあと止めだてでもすると春琴はかえって粛然と襟を正してあんた等知ったこッちゃない放ッといてと居丈高になって云ったわてほんまに教《お》せてやってるねんで、遊びごッちゃないねん佐助のためを思やこそ一生懸命になってるねんどれくらい怒ったかていじめたかて稽古は稽古やないかいな、あんた等知らんのか。

見るからに読みにくいですね。

ですが、声に出して読みながら、頭の中で句読点を入れてみるとどうでしょう。ずいぶん読みやすくなったはずです（実際にやってみないとわかりませんよ）。

句読点がない文章や長い文章などを読む時には、ぜひ、声に出して読んでみてください。

それは文学作品にだけいえることではありません。

哲学者が書く文章も同じです。

哲学書というと、とても難しい本のように思えて尻込みしたくなりますが、じつは、多くの哲学者は、授業で学生たちにいろいろな話をしているうちに、どんどん思考に磨きがかかっていき、それを文章にしていくことも少なくないのです。

私は、フランスの現代哲学者、ジャック・デリダの著作は、必要に駆《か》られながら、フランス語で読んでも日本語訳で読んでも、何を言いたいのかわかりませんでした。

ですが、何度も講義を聴きに行って、デリダの話し方、息遣いを感じているうちに、なんとなくわかるようになっていきました。

でも、すでにデリダも亡くなってしまいました。亡くなって、講義を聴きに行くことができない哲学者の著作を理解するためにはどうすればいいのでしょうか。

声に出して読んで、「感じる」ことです。

西田幾多郎《にしだきたろう》の『善の研究』なども、ぜひ、音読してもらいたいと思います。

まったく理解しにくいものを、長い時間をかけて少しずつ理解していくのは、哲学者が考えた道を自分なりにたどり、自分なりに考える方法を学ぶことにつながります。

目で見て難しそうに見える文章でも、声に出して読んでみるなど、彼らの息遣いを感じることで驚くほど理解しやすくなるものです。

とにかくたくさん読む

みなさんは新聞を毎日読んでいますか?

「新聞」は、「新しい風聞《ふうぶん》」という言葉の略で、明治時代になって現れたものです。インターネットがなかった時代は、「新聞」こそ、最新の情報を得るためのメディアだったのですが、最近は、「新聞」よりむしろSNSによって拡散される情報のほうが速かったり、情報量も多かったりします。

情報だけを得たいのであれば、「速読」という技術を身につけるのも悪くありません。本を読む場合も、必要な情報だけを効率良く探すことも必要でしょう。それは文学や哲学の研究をしている場合でも例外ではありません。引用箇所を調べたり、ざっと読んでどのようなことを著者が言いたいのかを事前に知るためには速読が役に立ちます。

年間に何万冊（洋書なども入れれば何百万冊）と出版される本の中で、熟読したいと思うものは、ほんの一握りです。

これに加えて、古典などを含めれば、本の数は、ただ「膨大無数《ぼうだい》」というほかありません。

どんどん濫読《らんどく》して、速読でいいものと熟読しなければならないものを分別する力をつけることが大切でしょう。

少し変な言い方かもしれませんが、私は「本を読む」という言い方をしないで「本を食《は》む」と言ったほうがいいのではないかと、思っています。

「食む」と言っても、もちろん、山羊《やぎ》が紙を食むようにムシャムシャと本を食べるわけではないのですが、「本」は心や精神、能力を養ってくれる栄養です。

みなさんの年頃は、食べ盛りでもありますね。

本もどんどん「食」んでください。読書量は語彙《ごい》力をアップさせ、想像力や創造力を生み出す栄養になります。読書が楽しくなり、それが習慣になれば、読む速さは自然に速くなりますから、ご心配なく。

第2章

「書く力」を鍛える

「書く」ことで初めてアタマが整理される

とにかく「メモ」をとる

この章では、読解力のための「書く力」についてお伝えします。

読解力には「読む力」だけでなく、「書く力」が必要です。読んだことを自分の言葉で書いてみることは理解力を深めることに役立ちます。

この時注意したいのは、**無理して、難しい言葉を使ってまとめようとしない**ことです。

まずは、難しく考えずメモすることからはじめましょう。

「メモ魔」と呼ばれる人がいます。常に小さなノート、カードを持っていて、忘れないようになんでもメモをする人です。

レオナルド・ダ・ヴィンチ、ニュートン、アインシュタイン、トーマス・エジソン、日本人なら福澤諭吉《ふくざわゆきち》、渋沢栄一《しぶさわえいいち》などはメモ魔と呼ばれるにふさわしく、気になることはもちろん、アイデアなどが浮かんだ時、知らない言葉を聞いた時など、すぐに紙片に書きつけていました。

偉人だからといって、すごいメモを残していたわけではありません。たとえばアインシュタインは、

「ホテルに戻ると、ほったらかされていた妻が激怒」

など、本当になんでもないことまで、なんでも書き残していたのです。

もちろん、メモをしないと、すぐに忘

アインシュタインは
なんでもないことまで
メモを残したっと…

れてしまうからということもありますが、読解力を高めるためにも、とても重要なことなのです。

それは、**メモこそが、創造力を生み出し、文章を組み立てる「核《かく》」**だからです。

文章を読む時も、ぜひ、ノート、あるいはカードを用意して、メモをとってください。

たとえば、私が『ポケモン・ストーリー』（畠山《はたけやま》けんじ・久保雅一《くぼまさかず》著、日経BP社、2000年1月）を読んだ時のメモには、次のようにあります。

ポケモンを作るのに6年かかった
「ゲームボーイ」の通信機器がコア
モンスターを交換するアイデア＝田尻智
プロデューサー＝石原恒和
任天堂＝川口孝司
これに小学館のコロコロ（『月刊コロコロコミック』）久保雅一が加わる

ポケモンが生まれたのは、1996年

これだけですが、私は、このメモによって、この本を探せば、ポケモン誕生の秘話や、アイデアの源泉がどこにあって、どのように宣伝されていったかを思い出せます。

メモを溜めると楽しくなる

さて、本や文章を読みながら、メモをとることを習慣にしていくと、メモがたくさん溜《た》まってきます。毎日、新聞でも本でも、読んだものから1文でもいいのでメモをとっていったとしたら、1カ月後には30以上のメモができているでしょう。

「やったなぁ!」という気になりませんか。

この「やったなぁ!」という喜びは、本や文章を読む「習慣」にもつながります。

2020年7月30日、中央通訊社・フォーカス台湾

・台湾の李登輝《りとうき》元総統が97歳で死去。京都帝国大学農学部在学中に日本陸軍に入隊。戦後、コーネル大学で農学博士

2020年8月1日、『考えるナメクジ』(松尾亮太著)

・ナメクジにも脳があって、学習ができる

・松尾先生は、福岡女子大学教授

2020年8月2日

・「裏をかく」の「かく」は漢字ではどう書く?

とにかく、気になることがあったら、メモをとっていきましょう。

そして、その文章は、できるだけ、短く!

メモをとるのが習慣になると、書くことが楽しくなってきます。

200字で見たままに書く

書くことに慣れて、楽しくなってきたら、少しまとまった文章を書く練習をはじめてみましょう。

物事をありのままに写実しようというところから、近現代の文学ははじまっています。

夏目漱石の親友で、歌人、俳人でもある正岡子規《まさおかしき》が、短い一生をかけてやったことが、「見たままに文章を書こう」という運動でした。

夏目漱石の『吾輩は猫である』は、まさにこの「見たままに書く」文体なのです。こうした文章を、子規は「写生文」と呼びました。

西洋絵画のデッサンのように、飾らずありのままに描くことを「写生」といいますが、「文章でデッサンをする」ということを、写生文といったのです。

やってみませんか？

短い文章で、デッサンをするように、机《つくえ》の周りの状態を描いてみてください。

黒い机は、緑色のカッターシートで覆《おお》われている。
そのシートには、墨の汚れが何カ所か、赤い絵の具の汚れも見える。
『漱石全集　第一巻』と背文字のある本が1冊、開かれないまま置かれている。
ノートパソコンに、書きかけの原稿が映っている。

これだけでも、小説の冒頭かのように思えませんか？
それでは、次に、今の気持ちを、デッサンしてみましょう。

お腹《なか》が空《す》いている。
朝からなにも食べていないのだ。
食べる暇《ひま》がない。
夕方5時までに送らなければならない原稿があるからだ。
隣の部屋から聞こえてくるクラシック音楽が、ぼくを苛立《いらだ》たせる。

これで、200文字です。

こんなふうにして、短いデッサンをしていくのです。

アメリカの著名な現代作家、ニコルソン・ベイカーに『中二階』という作品があります。

これは、中二階にあるオフィスに、エスカレーターに乗って戻る途中のサラリーマンが頭にうかぶさまざまなことを微細にひたすら書いていくというものです。

正岡子規は、友人・漱石を含め、自分の弟子たちに、とことん写生文を書くように言いました。

文章を飾ることは、写生文を書いた後でいくらでもできます。

飾る前に、見たままに書きましょう。

毎日、200字と決めて、写生文を書いてみませんか。

中心を決めることでわかるもの

さて、文章を書く時にも、対象を選ぶと、さらに面白いものが書けるようになってきます。

美術の授業で、絵を描くために動物園に連れていかれたことがありませんか？

その時、自分が描く対象、たとえばゾウ、キリン、ライオン、ゴリラなどを選んで、絵を描いたのではないかと思います。

「今日はなにを中心にしようか」と、決めて写生文を綴るのです。

先ほどの文章を、ちょっとアレンジしてみましょう。

> 苛つく。
> 夕方5時までに送らなければならない原稿を書いているのだが、腹が鳴る。
> 隣の部屋から聞こえてくるクラシック音楽が、神経を逆なでる。
> 机の上には『漱石全集』の一巻目。
> 机を覆った緑色のシートには、汚れが染《し》み込んでいる。

「イライラしていること」を中心にして、ほかの不必要な部分を削《けず》ってこんなふうに書くこともできます。


『漱石全集　第一巻』と背文字のある本が1冊、開かれないまま置かれている。

ぼくは、漱石の文章についての評論を1本、今日の夕方5時までに書いて送らなければならない。

パソコンで原稿を書いているのだけれども、全然捗《はかど》らない。

机の上のカッターシートの染みが気になって、汚れをとっていると、今度は隣の部屋からクラシック音楽が聞こえてきた。

そういえば、朝からなにも食べていなかったのだ。

ちょっと休憩《きゅうけい》することにした。


こんなふうに書くと、「休憩」をすることの言い訳が中心になって、締め切りって言っているけれど、さほど切羽《せっぱ》詰まった状態ではないのだろうなぁという感じになりますね。

デッサン、スケッチをする時に対象を決めるように、文章を書く時にも、自分がなにを中心に書くかを決めると、文章を書く楽しみが増えてくるのです。

こうして**対象を意識して文章を書いてみることで、書き手がなにを伝えようとしているのかが自然とわかる**ようになっていきます。

これなに？
見たままを描いてるの
言葉で書こうね

批評にチャレンジする

読みながら「ツッコミ」を書き込んでみる

客観的に本を読むことの大切さを先にお伝えしました。その方法として、読みながら文句を書き込むことをお勧めします。

説明文だったら、「この考え方は自分とは意見が違う」「この情報は本当に正しいの？　古いのでは」など、小説だったら「この主人公の言葉は取ってつけたようだ」「いきなりこんな展開になるなんて嘘っぽい」といった具合です。

本に書かれていることはすべて正しいと思う必要はありません。「本当かな？」と疑う視点を忘れないようにしましょう。著者にどんどん「ツッコミ」を入れてください。そうすることで自分なりの真実が見えてきます。

高校までの国語の授業では、文章の読解を「三読法」で教えられます。「通読・

精読・味読」という方法で、教材を三度読むという教え方です。「叙述・構成・主題」「一次読み・二次読み・三次読み」などともいわれます。

まず、最初から最後まで読む「通読」をする、次は段落ごとに区切って内容や語句、文法を読み解く「精読」をする、そして最後に書かれている内容や、作者の気持ちを考えながらよく味わいながらじっくり読む「味読」をするという方法です。

「三読法」は昭和の教育学者・石山脩平《いしやましゅうへい》が確立し普及させた方法でした。しかし、石山脩平は当初、「三読法」ではなく、「通読・精読・味読」に「批評」を加えた「四読法」を考えていたそうです。

石山が提唱した「批評」とは、作品自体に対するものと、その作品とほかの作品を比べて優劣を見る、という2種類に分けて考えるものでした。

私は**「三読法」より、むしろこの「批評」が大事**だと思っています。

なぜなら批評をすることで客観的に観る力が身につくからです。「批評」というと難しい感じがしますが、要するに「ツッコミ」です。

本の内容にどんどんツッコミを入れて、それを書き込んでみてください。

誰かが書いた感想に反論してみる

本そのものにツッコミを入れ、それを書く習慣ができたら、同じ本を読んだ人の感想を聞いたり、感想文などを読んでみましょう。

自分の感想と似た感想の人もいるでしょうし、自分が思いもしなかったところに目を向け、それについての感想をもった人もいるでしょう。同じ本を読んでも、感じ方はさまざまあるということです。

自分では気づかなかったことを見つけ出していた感想や、**自分の感想の浅さを実感できた感想には、素直に「参りました」という気持ちをもつ**と思います。

しかし、「それは違うんじゃないの？」「読み違えているのでは」と思ったら、どうしてそう思うかを書いてみます。相手の意見や批判に対して、反対の意見を述べることを「反論」といいます。

同じ本を読んだ人の感想を聞いたり読んだりする機会がない時は、家族や友達に「この本を読んでこう思ったんだけど、どう思う？」と聞いてみてもいいでしょう。

今度は自分が批判を受けるかもしれません。それに対して反論してください。批判や反論は、自分の受け取り方のどこが正しくて、どこが間違っているのかという「気づき」になります。

また、間違っていると気づいたら、それを直そうとします。人の批判から学ぶことはとても大事です。

社会に出て、意見の違う人と議論する際にも、感情的にならず冷静に問題点を指《し》摘《てき》できるようになれば、より良い人間関係も築けます。**読解力とは本来、こうした人と人との関わりの中で、生かされていくもの**なのです。

前項で読みながら書き込んだ文句を、しばらくして読み返してみるのも面白いでしょう。以前書き込んだ自分の考えが間違っていることに気づいたり、あるいは自分自身に反論することもあるかもしれません。あなたの反論に耐えられた本は、きっとあなたにとって「大切な本」になるでしょう。

読書ノートをつくろう

読んだ本をしっかりアタマに入れるコツ

せっかく読んだ本が、まったく記憶に残らなければ、読んでいないことと同じになってしまいます。せっかく得た情報なのですから、忘れないようにしたいものです。

そんな時は要約メモやツッコミメモに加えて、「読書ノート」をつくることをお勧めします。ノートに残すことで、得た知識を忘れずに定着させることができます。

本を読むということは、人と会って話すことと同じだと私は思っています。せっかく楽しい時間を過ごしても、時間が経《た》つにつれ語り合ったことや楽しかったことを忘れてしまいます。写真を撮ったり、日記に書いたりしておけばそれを見るたびに思い出すことができるように、本や著者との出会いや内容を書き残すようにしてみてください。

書く内容は次のようなものです。

- いつその本に巡《めぐ》り合ったのか
- 読もうと思ったきっかけはなんだったのか
- どんなことが書いてあったのか
- どんな言葉が印象的だったのか
- 重要だと思ったところの要約文と、そのことが書いてあったページ数

とくに最後の2項目は大事です。ここを見返せば、すぐにこの本から得た知識を思い返すことができます。

中国には古い時代から「箚記《さつき》」という学習方法がありました。読書して得た知識や感想を、随時《ずいじ》記録することで、それをまとめた書物や随想録といったものです。

書物を読んでメモに残すことは、古代中国から現代までに通じる読書法なのです。

大事な部分はコピーしてノートに貼《は》ったり、読み始めた日や読み終わった日を記録しておいたりしてもいいですね。自分なりに自由に工夫してみてください。

読書ノートに書くのは、文字ばかりとは限りません。

最近の本には図解があったり、イラストや漫画で説明していたりするものが多くあります。どちらも内容をわかりやすくするためのものです。

文字で書いてあるものを自分なりに理解して、図やイラストにするのもとても良い方法です。感じた時に残した絵を後から見返すとすぐに記憶が呼び覚《さ》まされるものです。

いずれにせよ、メモをとりノートに書き残すということは、**読んだものから得た知識や心情など頭の中にしまっておいたものを、すぐに思い出せるようにする**ことが目的です。

読書した大事な時間を無駄《むだ》にしないよう、ノートに書く時間も大事にしていただきたいと思います。

すぐに役立ちそうにないことを書き残しておく

本を読んでいて「この表現、好きだなあ」と思う文章に出合ったり、「この言葉はいい言葉だ。機会があったら使ってみたい」という言葉を見つけたりした時は、すぐにノートに書き留めましょう。

読書ノートとは別に「名言ノート」「表現ノート」といったものを作ってもいいでしょう。

新美南吉らしい表現、宮沢賢治《みやざわけんじ》らしい表現、夏目漱石らしい表現など、役立つかどうかという視点とは別に、気になった表現を書き留めることも次章で紹介する「考える力」をのばす上で大事なことです。

たとえばこのような感じです。

「別れをせかすように、横なぐりの雪が視界を被った。神上りましし伯父は人の世を隔てる純白の緞帳《だんちょう》の向こう側から、清らかな息吹だけを私の耳に送ってくれた」（浅田次郎《あさだじろう》『神坐《いま》す山の物語』所収「神上りましし伯父」）

緊張感と愛情溢れる不思議な小説の最後を、著者は、こんなふうに締めくくります。浅田次郎氏の文章は、強さと透明感に溢れています。

「ある朝、常のように出勤したら、会社はつぶれていた。事務所は閉鎖《へいさ》され押してもひいてもびくともしないと、たいていの会社のつぶれるとき社員は言う。皆々寝耳に水だと言う」（山本夏彦《やまもとなつひこ》『最後の波の音』所収「出社したら潰れていた」）

これが、小説の冒頭にある文章です。ドキッとしますね。皮肉といってはおかしいのかもしれませんが、独特の価値観で、こういう社会の見方があるのかということを教えてくれた作家です。短い文章と長い文章を使い分けて、味わいのある行間を作り出すことに長《た》けた人でした。

向田邦子《むこうだくにこ》が直木賞（1980年上半期）を受賞した時に山本夏彦が書いた言葉ほど、賞の賞賛にふさわしいものはありませんでした。「向田邦子は突然あらわれてほとんど名人である」。
冷徹な目で書かれた山本夏彦の文章は、「書く」ことを楽しむ人にはぜひ、読んでもらいたいと思います。

「片仮名のトの字に一の引きようで　上になったり下になったり」（三遊亭圓《さんゆうていえん》生《しょう》『噺のまくら』所収「大名の飯炊き」）

どれだけがんばって文章を綴っても、読んでもらえないとがっかりします。読んで楽しんでもらえる文章を書くコツのひとつに、話を聞いてもらっているように書くということがあります。これは、落語家などがいちばん得意とするところです。三遊亭圓生の落語は、ネットでも聴けますが、本を読みながら聴いてみないとわからないところもたくさんあります。それに、本があれば、自分で真似《まね》をして話してみることもできます。また、ここで紹介したように、漢字1字を使って、過去の人たちはこんなふうにして遊んでいたんだということも学べます。

もうひとつ意識しておきたいのは、**「わからないものをあえて書き残す」**という視点です。自分には難しい言葉や表現がされていても、「なんとなく惹《ひ》かれる」文章があるはずです。

「どういう意味かな？」と思ったら辞書を引いて、自分で調べてみる。そして覚えた言葉をどんどん使ってみてください。

第3章

「考える力」を高める

「考える」がないと意味がない

本当の「知力」とは応用力

中学校に入ると、「古典」の授業が始まります。日本語の古典だけでなく、中国の古典、「漢文」も学びますね。

なぜ中国の古典を学ぶのかといえば、ひとつには漢文が日本語の文体のひとつであったこと、もうひとつは中国の思想が日本の文化の根底にあることを知るためです。

その中でも、『論語』という本は日本でもとても大事にされている本で、我が国に初めて伝わった書物だと『日本書紀』にも記されています。

これは、孔子《こうし》（紀元前551〜紀元前479）の言行を弟子たちがまとめたものです。孔子は、「仁」という心をもって人と関係を作ることの正しさを教えます。

じつは、天皇の諱《いみな》（お名前）には、第70代天皇、後冷泉《ごれいぜい》天皇（親仁《ちかひと》親王）（在位1045〜1068）以来、必ず「仁」という漢字がつくようになっています。

これは、まさに**孔子が説く「仁」の教えが、我が国の思想の根幹にある**ことを象徴するものでしょう。

このように、我が国には、不思議なほど、古代中国の思想などが脈々と伝えられているのです。

さて、『論語』の第二章「為政第二」に、次のような一節があります。

子曰、学而不思則罔、思而不学則殆
（子曰《いわ》く、学びて思わざれば則《すなわ》ち罔《くら》し、思いて学ばざれば則ち殆《あやう》し）

「子」は、孔子のことを「先生」と尊称した言い方です。

孔子先生がおっしゃった。「人からいろんなことを教わっても、自分できちんと考えることをしなければ、網《あみ》にかかったような状態になってしまうよ。また、自分で考えるばかりで、人から教えてもらうことがなければ、自分の考えに固執《こしつ》して、危《あや》ういものになってしまうよ」という意味です。

「学」の旧字体は「學」と書きます。これは人と交《まじ》わって、いろいろなことを教えてもらうことを意味します。

「罔《くら》し」というのは網に引っかかってしまうという意味です。また、「殆《あやう》し」はぼろぼろになって崩れてしまうという意味の漢字です。

孔子は、今から約2500年前に活躍した思想家です。すでに、この頃から、「知識があるだけではダメ、考えるだけでもダメ」と言っていたのです。

これは普遍《ふへん》の教えだと思います。

本当の「知力」とは、書かれたことを検証し、自分なりに考えて応用できるようにすることです。

人から教わって、それで「事、足れり」とするのではなく、自分で考えていく力をつけないといけないのです。

「なんのために？」をいつも気にしよう

本をたくさん読んでも、なんのために読んでいるのかという目的がないと、本から得たことが埋《う》もれてしまいます。そこで**「なんのために？」ということをいつも気にする**習慣をつけましょう。

たとえば、本書を読もうと思ったのは「なんのために？」でしょうか？

「読解力とはなんなのか知りたかったから」

「読解力がなぜ必要なのか知りたかったから」

「読解力をつける方法を知りたかったから」

自分が知らなかったことを知りたいと思うのはとても大事な目的です。

私は、**学問とは、どうやって問題に取り組み、どうやってその問題を解決するか**ということだと思っています。

読書は、学問のためのひとつの方法で、すでにその問題について記してあるものから情報を得たり、教えてもらったりすることです。

自分が求める答えを見つけるための方法を探すことも、読書の大きな目的です。

ただし、これはすぐに見つかるものではありません。ですから同じテーマの本を何冊も読みます。

著者が違えば、考え方も方法も違ってきます。

さまざまな視点、さまざまな見解を知ることで、新たな視点や方法も見えてきます。

そして自分が知りたいことの答えを探すことと同時に、書き手が「なんのために？」これを書いたのか、ということも考えてほしいのです。

いつもこういった疑問をもつことは、**知的好奇心をもっている**、と言い換えることができます。本を読む時だけでな

く、日常でもいつも「なんのために？」と考えてみてください。

「なんのために？」これは、知識と理解が深まる魔法の言葉です。

「書いていないこと（＝行間）」が読み取れるか

よく「行間を読む」という言い方をします。これは文字では書かれていない著者の思いや真意を感じ取ることです。

かなり高度な読み解きですが、ぜひ身につける努力をしていただきたいと思います。同じものを読んでより多くのものを得ることですので、これができるのとできないのとでは、大きな差がつくのです。

行間を読み取る練習はさまざまですが、まずは中国の詩を例に挙げます。

中国の詩を漢詩といいますが、漢詩には次のような「対句《ついく》」という表現が使われます。

江　碧　鳥　愈　白（江《こう》碧《みどり》にして鳥愈《いよい》よ白く）

山青花欲然（山青くして花然《も》えんと欲す）
今春看又過（今春《こんしゅん》看《みすみ》す又《また》過《す》ぐ）
何日是帰年（何《いず》れの日か是《こ》れ帰年《きねん》ならん）

まず、この杜甫《とほ》の詩の中から色を探してみたいと思います。

第1句目に「碧《みどり》」と「白」があります。そして第2句目には「青」があります。

しかし、じつはもうひとつ色を表す漢字が2句目の最後にあります。

「然」という漢字です。

まさか！と思う方も少なくないでしょう。

現在、我々が習う漢字では「自然」とか「天然」など「しかり（そうである）」という意味となります。しかし、杜甫が生きていた時代、この「然」は、火偏《ひへん》がついた「燃」と同じで「燃える」と読んでいました。つまり色としては「燃える火の色」がここには書かれているのです。

さて、それでは、次に対になっている言葉を探してみましょう。

川を表す「江」に対して「山」、「鳥」に対して「花」があります。

しかし、それだけではありません。

じつは、日本人の我々にはよくわかりませんが、聴覚的に対になる言葉として「愈」と「欲」という漢字が選ばれているのです。

日本語の漢字音では、それぞれ「ユ」と「ヨク」となってその対比がわかりませんが、古代中国語では、「愈」は「ディゥッグ」、「欲」は「ギュック」という音で、韻《いん》を踏むものだったのです。

さらに、この二句についていえば、もっと面白いことが発見できます。

それは、「鳥愈よ白く」と「花燃えんと欲す」というところです。

「鳥がどんどん白くなる」というのは、少しおかしくありませんか？

もちろん、雷鳥《らいちょう》のように冬になると羽替わりをして白くなる鳥もいますが、ここではそんな鳥のことを詠《よ》んでいるわけではありません。

古代中国語では、「白」は、ホワイトという白色のことをいうのではなく、「透明」をいう言葉なのです。

この詩で、杜甫は、鳥が遠くへ飛んで小さくなって見えなくなることを「鳥愈よ白く」と詠んでいるのです。

それでは「花燃えんと欲す」というのはどうでしょう。

この鳥が小さくなって見えなくなるというのと対象的に「目の前に、見る見るフワッと、花が真っ赤な花弁を開く」というのです。

こんなふうに読み解くと、「碧」と「青」という漢字も気になりませんか。

「碧」は、深い緑色をした川の色です。

そして「青」は、ブルーの青色ではありません。これは漢詩では新緑のきれいな黄緑色を示す言葉です。

ここで前半2句を、まとめてわかりやすく訳してみましょう。「川は深い緑を湛《たた》えてゆっくり流れ、鳥は遠く青空の中に飛んでいく。山の新緑の中に、燃えるような赤い花が大きく花弁を開いていく」というようなものになるでしょう。

それでは後半2句はどうでしょうか。

今春看又過（今春看《みすみ》す又過《また す》ぐ）
何日是帰年（何《いず》れの日か是《こ》れ帰年《きねん》ならん）

春の景色の中に美しく映《は》える色彩を描きながら、後半部では、一転してそれを無情に感じ、望郷の念、家族への想いで張り裂けんばかりの寂しさを吐露《とろ》していきます。

「看」という漢字は、よく見ると、「手」と「目」の組み合わせで作られています。手を目の上にかざしているところをそのまま描いたものです。「看」は「あっという間に、見ている対象が、過ぎていく、見えなくなる、変化していく」ことを意味します。

この美しい春も、いつの間にかあっという間に、夏に変わってしまうというのです。これは前段の「鳥」のイメージと重なりますね。

それでは最後の句はいかがでしょう。

「帰年」という言葉には西晋《せいしん》の陸機《りくき》（261〜303）が書いた「挽歌詩《ばんかし》」に使わ

れた「我、行きて帰年無し（私にはもう故郷に帰る時間も残されていない）」という言葉が典故《てんこ》として利用されています。つまり、「いつになったら故郷に帰れるのだろうか」と自問しつつ、それができる時間がすでに残されていないことを示唆《しさ》しているのです。

悠久《ゆうきゅう》の自然に対する人間の命の儚《はかな》さ、そして季節の変化は、常に法則のように決まっているのに、時代の変化はいつも急激で、あっという間に人々を幸福の絶頂から不幸のどん底まで引きずり落としてしまう。人生とはどうしようもないものだという悲嘆がここには記されているのです。

杜甫は五言絶句という20文字の詩型の中に、奇跡のような世界を描き出しているのです。

時には言葉どおりに受け取らない

多数決も絶対じゃない

みんなが言っていること、広く知られていることも絶対ではないということをまず知ることです。

第2章で、批判すること、反論することをお勧めしました。

本を読んで情報を収集するだけなら、情報量の多さはネットにはかないません。

ネットからはレストランの評価や、アクセス数、おいしいと思った人の数など、投票結果のような評価も手に入ります。

レストランやホテルを選ぶ時だけではなく、本を選ぶ時も星の数で表わされている評価やレビューを目安にする人が多いのではないでしょうか。

でも、他人の評価、多数決で選ばれた結果をそのまま信じることはやめましょう。

世の中に無価値なものなどないのです。

たとえ面白くないと思っても、その本からでも学ぶことはあります。どこが面白くないのか、どうして面白くないのか、考えてみてください。

また、みんなが名作だといっているものは本当に面白いのか、面白く感じられないところはどこかなど、考えることはたくさんあります。アンテナをいっぱい張り巡らせて、いろいろな角度から読んでみてください。

また、友人たちと本やアニメ、映画などの話をしていて、みんなが「面白かった」と言っている作品が、あなたにはあまり面白くなかったとします。そんな時、面白いと思うことが普通だと思わないでほしいのです。

このようなそれぞれの人が受ける感覚のどちらが正しいかは、多数決では決められないのです。

自分の感じた気持ちにふたをして、みんなに合わせてしまうのは、自分に嘘をつくことになります。

そういう時は、どうしてそれが自分には面白いと思えないのか、そこを深く考えてみてください。

みんなと違う意見を言うことは勇気がいるかもしれません。しかし、その作品をけなすのではなく「主人公のあの行動はちょっとおかしいと思った。こうしたほうがもっと面白くなったんじゃないかな」など、自分の感じたことを伝えてみてはいかがでしょう。

あなたの考え方を聞いて、友人もいろいろな気持ちを抱くでしょうし、もっと別の意見が出るかもしれません。

自分とは違う意見や感想をもつ人もいることを知ったり、意見を聞いて納得し、見方を変えるきっかけになったりすることは、とてもいい経験になります。

完全にオリジナルなものなんて存在しない？

ルーツを探る

新海誠《しんかいまこと》氏はアニメーションを制作する日本を代表する映画監督です。世界中から高い評価を受けていますが、アニメの発想を、昔話、民話、『万葉集』などから得ているといいます。

たとえば、映画『君の名は。』では、ふたりの主人公が出会うシーンで、『万葉集』（読み人知らず）の歌がカギになっています。

誰《た》そ彼《かれ》と　我をな問ひそ　九月《ながつき》の　露《つゆ》に濡《ぬ》れつつ　君待つ我を

「誰そ彼と」は「黄昏《たそがれ》」のことです。夕暮れて、ちょっと離れたところに立っている人が誰なのかはっきりわからない……。そんな時、あなたは、私に「あなたは誰？」と呼び掛ける。お忘れになったのですか？　私こそ、この9月（今の10月半ば）の露に濡れつつ、あなたを待っている者なのです。

時空を超えたところで、人が出会う……本当は、遠い昔に、出会いを約束していたのかもしれない、でも、もうずっと昔のことで、相手は、その約束を忘れてしまったのかもしれない……。

『君の名は。』は、ある日、高校生の男女の心が入れ替わるというところから話がはじまります。

……はじめは性別の違い、暮らす環境の違いで戸《と》惑《まど》うものの、次第に楽しむように。でも、その入れ替わりが突然なくなってしまう。

ネタバレはしたくありませんから、ぜひ、作品を観て（読んで）ほしいと思うのですが、新海監督は、**この話を、なにもないところからつくったわけではありません**。監督は中央大学の文学部文学科国文学専攻を卒業しています。

先に挙げた『万葉集』の歌も、あるいは大学生の時に深く学ばれたのかもしれません。

そして、男女の入れ替わりについても、じつは、すでに古くからこうした話がありました。

たとえば、平安末期に成立した『とりかへばや物語』です。

性格が男女逆なので、男君を女、女君を男として育てるという話で、最後はもとの姿に戻って幸福になります。

また、紀元前6世紀のギリシャ悲劇にも似たようなものがあり、こちらは設定や時代などいろいろに形を変え、小説や戯曲にアレンジされています。

映画や物語の「核」の部分を知ることは、制作者や作家の創造力やプレゼンテーションの方法を知るのにとても役立ちます。

同じテーマを使って「自分だったら、どうアレンジするか」を考えてみるのもとても楽しいことではないでしょうか。

アイデアだって、すべては組み合わせ

ロングセラーにしてベストセラー、名著、ジェームス・W・ヤング著・今井茂雄《いまいしげお》訳『アイデアのつくり方』には、「アイデアとは既存の要素の新しい組み合わせ以外の何ものでもない」と記されています。

ヤングがいう「既存の要素の新しい組み合わせ」は、別の言葉では**「ハイブリッド」**とも言い換えることができるでしょう。

ハイブリッドは「混合」や「複合」という意味で、違ったものを組み合わせるということですが、とくに、それまで考えられなかったようなものを組み合わせることに使われます。「電気」と「ガソリン」という異質のエネルギーの良い部分を組み合わせて作られた「ハイブリッド・カー」などを思い浮かべる方もいるでしょう。

さらに、ハイブリッドを別の言葉で言い換えれば「矛盾するものの結合」、哲学の言葉でいえば**「アウフヘーベン（止揚《しよう》）」**なのだと私は考えています。

完全に矛盾したものを、どういうふうにして結合させることができるかを考えて

いくことが必要だと思うのです。

勉強をしていく中で、みなさんは、間違い探しのように、「相違点《そうい》」（比べてみて違うところ）を探す目をもってみてくださいと、よく言われるだろうと思います。

これは、ヨーロッパの学問の方法を輸入して以来、言われるようになったことです。違うところを探し、分離させるような形で、近代科学は発達してきたからです。

近代科学の方法は、ひと言でいえば、分析と再構成です。

しかし、**日本の文化は、伝統的に、「相違点」ではなく、「相似点《そうじ》」を探していくというもの**でした。いろいろなところから似たものを集めて、組み合わせたのです。

日本人はヨーロッパの学問の影響も非常に多く受けていますが、一方俳諧《はいかい》の連句や連歌《れんが》、和歌など、似ているところを次の人に渡しながら、新たなものを創造していくというようなものの見方、楽しみ方もしてきました。これは世界に誇れる文学だと思っています。

この日本の文化を再認識して、連想ゲームのように似ているものを組み合わせながら考えていく、という発想は日本独自の考え方ということもできるわけです。

西洋の「相違点」からアイデアを産むアプローチと日本の「相似《そうじ》点」から連鎖《れんさ》的に変化工夫していくアプローチ、こうした違いをもハイブリッド化していくと、さらに独自の視点、独自の創造ができるようになるのではないでしょうか。

第4章

「伝える力」をのばす

正しく「伝える」のは意外に難しい

「話す」前に正しく「聞く」ができているか

「読む」「書く」「考える」ことが習慣になったら、次は「伝える」ことです。

自分の考えを言葉にして伝えることは、とても難しいことです。

言葉の行き違いから、自分では思ってもみないことで人を傷つけてしまったり、トラブルになったりすることもあります。

「伝える」ための第一歩は、人の話を正しく聞くことです。

会話がうまくいかないと感じるときの原因のほとんどは、「相手の話をしっかり聞けていないこと」です。これも「読解力」ですね。


ですから、まず、相手があなたに伝えたいことはなんなのか、ということに注意を向けていただきたいのです。

気心の知れた友達との会話では、「これ、やばいよね」「だよね」といった言葉で相手の気持ちがわかることもあるかもしれませんが、相手の本当の気持ちは、そう簡単にはわからないものです。

わからない相手の気持ちを考えて、少しでも理解しようと努力することは、あなたの気持ちを相手に伝えることにもつながります。

こういったことの連続が人と人との関わりです。

自分が話す前にまず「相手の話を正しく聞く」ことからはじめましょう。

ちょっと
まずは私の話を
聞いてくれる？
ニャー

そして、本を読んで心に感じたことや思ったこと、それを誰かに伝えてみましょう。

その際にぜひやっていただきたいのが、その本の面白さを伝えるということです。

批評や反論が大事だとお伝えしてきました。この後、議論をすることも紹介しますが、人に話す時はまず、どこが面白かったか、どんなことに心が動かされたかを話してみてください。

テレビの通販番組ではありませんが、思わず相手が読んでみたくなるような話ができれば大成功です。

これをプレゼンテーションといいます。

プレゼンテーション力もこれから先どんどん必要になってくる力です。「この本をぜひみんなにも読んでもらいたい！」という気持ちで、あなたが大好きな本の感想を伝えてみましょう。

語彙力がないと伝えられない

感想を面白く人に話そうとした時、「面白かった」「感動した」「すごかった」など、同じような言葉を使っていませんか？

「しまった」と感じたとしたら、それは、自分の語彙《ごい》力の不足です。

人になにかを伝える時、必要なのが語彙力なのです。

人に伝えたい気持ちがいちばん伝わる言葉を選んでいるでしょうか？

「なかなか犯人が捕まらないのでイラッとした」

「味方かと思ったら敵だったからヤバいと思った」

「ここで終わるなんてあり得ない」

こんな伝え方では、聞かされた相手も興味をもたないのではないでしょうか。

「ふーん、そうなんだ」で終わってしまいそうです。

これらを、たとえば、それぞれこんなふうに言い換えてみてはいかがでしょうか。

「犯人が逮捕《たいほ》されるまで、焦《じ》れったいほどに、読ませる書き方をする」

「背信、逆心、内通、不実……憤懣《ふんまん》やるかたない気持ちにさせられた」
「唐突な驚愕《きょうがく》的結末、続編を期待するしかない」

あえて仰々《ぎょうぎょう》しい言葉を選んでみましたが、同じ感想を伝えるのでも語彙しだいでまったく印象が違うことがわかってもらえたと思います。**語彙を増やし、表現力を高めていくと、自分の考えや気持ちをより丁寧にわかりやすく、相手に伝えることができるようになる**のです。

このように、自分の気持ちをきちんと言葉にすることができると、会話もはずみ、魅力的なものになります。

自分の感情をうまく言葉にするためにお勧めしている方法があります。

童話や詩、俳句、短歌を音読したり、気に入ったところを書き写したりすることです。

幾《いく》時代かがありまして
茶色い戦争ありました

中原中也《なかはらちゅうや》の「サーカス」という詩の一部分です。「幾時代かがありまして」という表現で、時の流れを表現しています。「茶色い戦争」というのも、セピア色の戦争写真を思い浮かべたり、砂漠《さばく》など茶色い大地で繰り広げられた悲惨《ひさん》な光景を思い浮かべたり、想像力をかき立てられる表現です。

またこの詩ではブランコの揺れる音を「ゆあーん　ゆよーん　ゆやゆよん」と表現しています。これもそれぞれの記憶の中のブランコが思い浮かぶのではないでしょうか。

トランペットは一生けん命歌っています。
ヴァイオリンも二《ふた》いろ風のように鳴っています。
クラリネットもボーボーとそれに手伝っています。

こちらは詩ではありませんが、宮沢賢治の『セロ弾きのゴーシュ』の中の交響曲の練習風景です。まるでそれぞれの楽器の音が聞こえてきそうな表現です。

いくたびも　雪の深さを　尋ねけり

正岡子規の俳句です。病《やまい》で寝たきりになってしまった子規は、自分の目でどれくらい雪が積もっているのか見ることができません。それでも「いくたびも」と詠んだところに、雪を喜ぶ子規の気持ちが表れています。

弟子の高浜虚子《たかはまきよし》は障子《しょうじ》をガラス戸に変え、庭の雪が見えるようにしたといいます。

逢《あ》ひ見ての　のちの心に　くらぶれば　昔はものを　思はざりけり

『百人一首』におさめられている権中納言敦忠《ごんちゅうなごんあつただ》の歌です。あなたとお会いした後の寂しさに比べれば、それ以前のこの想いなどなかったようなものという表現で、「好きだ」「愛してる」などという言葉を使わなくても、相手への気持ちの強さが伝わります。

このように作った人の独自の表現に触れることで、違う言葉で表現することを学んでいただきたいと思います。

気に入った詩や俳句を見つけたら、声に出して読み、書き写してみてください。

こういった作業が語彙力を高め、自分の感情を表現する良いトレーニングになります。

議論をしてみよう

議論とは、自分の考えを深めて鍛えること

北欧のフィンランドは、子どもの学力が世界トップクラスで、とくに国語教育に力を入れ、読解力に優れていることで有名です。

「フィンランド・メソッド」と呼ばれる教育法では、発想力、論理力、表現力、批判的思考力、コミュニケーション力の5つを重視しています。

私がこれまでお伝えしてきたこととも共通しています。

これらの力をつけるために、**フィンランドでは、議論（＝ディスカッション）の方法を有効に使っています。**

学校ではよく「班」をつくって議論したことを発表したり、みんなで意見をまとめたりします。これは、フィンランドでも同じで、少人数の班活動を通して批判的

思考力を養う学習を行います。

たとえばメンバーのひとりがあるテーマで書いた作文をメンバー全員で議論して、作文の良いところ、悪いところを指摘します。次にその意見に従って書き直した作文を、他の班に渡して添削《てんさく》してもらいます。ここでまた議論がはじまるのです。

彼らは、議論を通して世の中には異なる意見がいくつもあることを知り、それを受け入れながら改善していくことの大切さを学びます。

批判的な思考力を身につけることで、自分の考えも磨くことができるのです。

何人かで議論するときにはまず、自分の意見がはっきりしていることが求められます。そのための下調べや反対の意見が出ることを想定して、それに反論できるように考えておくことも重要です。

みなさんも何人かのグループで、このようなディスカッションをしてみてください。

世界的に広がる働き方改革、コロナ禍《か》などによって、これからますますテレ・コミュニケーションが広がっていくでしょう。

非対面で議論をしようとした時、とくに大切になるのが、感情的にならないことです。感情的にならず、冷静に議論を進めていく力は、養っておかなければなりません。

議論にはルールが必要

班活動で議論することが多いフィンランドですが、数年前、議論する際のルールを小学校5年生が考えたことで話題になりました。

それが次の10項目です。

1. 他人の発言をさえぎらない
2. 話す時は、だらだらとしゃべらない
3. 話す時に、怒ったり泣いたりしない
4. わからないことがあったら、すぐに質問する
5. 話を聞く時は、話している人の目を見る

6 話を聞く時は、他のことをしない
7 最後まで、きちんと話を聞く
8 議論が台無しになるようなことを言わない
9 どのような意見であっても、間違いと決めつけない
10 議論が終わったら、議論の内容の話はしない

なかなかよく考えられたルールです。会議室にも貼っておきたいくらいです。とくに3は、大人の会議でも感情的になってしまう人がいるので、良い答えを導くための議論だということを頭に置いて、冷静に話し合いたいものです。また、8、9もとても良いルールです。相手を否定してもなにも生まれません。論破《ろんぱ》という言葉がありますが、**言葉で相手を打ち負かすことが議論ではないのです。**お互いが新しい発見をする場にすることが大事なのです。

このほか、自分たちで新しいルールをつくってみてもいいでしょう。

良い議論をするためにはチームワークが必要です。

議論を重ねることでそれぞれのコミュニケーション能力も高まります。いろいろ

な意見、アイデアが活発に出る、良い議論の場をもってください。

あえて自分とは逆の意見で議論してみる

誰かとふたりでもいいですし、何人かのグループでもかまいません。議論する時にぜひ試していただきたいことがあります。

たとえば「勉強と部活、どちらが大切か」というテーマで議論します。

あなたは「部活」と思っていて、もうひとりは「勉強」、あるいはあなたと何人かが「勉強」と思っていて、他の何人かは「部活」と思っていたとします。

そこで議論を交わし、しばらくしたら両者の意見を逆にするのです。「部活」と思っていた人は「勉強」、「勉強」と思っていた人は「部活」と意見を変え、ディスカッションします。

これはどういうことかというと、相手の立場になって考える練習です。

面白い話があります。

将棋の羽生善治《はぶよしはる》九段は、子どもの頃、家族3人を相手に将棋を指していたそうです。

羽生九段が勝ちそうになると、将棋盤をくるっと回して羽生九段の手を家族、家族の手を羽生九段に取り替えて、続きを指す。

羽生九段は、子どもの頃から将棋が強かったので、家族3人がかりでも勝てなかったそうですが！

負けそうなところから逆転する方法を一生懸命考えることももちろんですが、こうすることで自分の手の欠点も見えるのです。

これも客観性をもつことだと思います。

あえて自分とは反対の意見でディスカ

ッションすると、客観的に自分の考えが見えてきます。

「相手の立場になって考えることが必要」とよく言われますが、これも「客観的」という言葉に言い換えることができるでしょう。

高い視座から、大局を観て、論点を的確に把握する力を養うことが、ひいては読解力を養うことになるのです。

第５章

すぐには
わからないことで
世の中は
満ちている

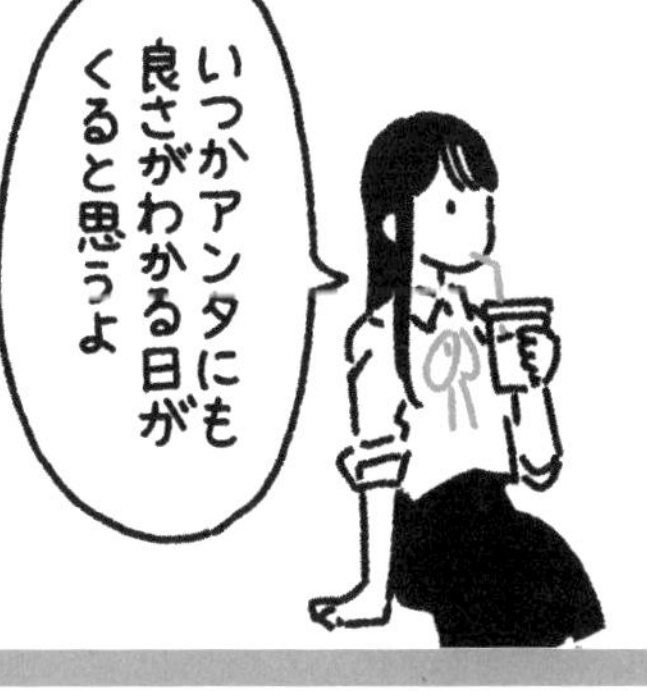
いつかアンタにも
良さがわかる日が
くると思うよ

人生で何度も読み返したくなる本を見つけよう

美智子様と『デンデンムシノ　カナシミ』

第1章（20ページ）で紹介した新美南吉の『デンデンムシノ　カナシミ』は昭和10（1935）年に発表された作品です。

平成10（1998）年、この作品がとても注目を集める出来事がありました。

現在は上皇后《じょうこうごう》になられている美智子《みちこ》様が皇后として、インドのニューデリーで行われた国際児童図書評議会にご出席された時の講演で、この作品についてお話しされたのです。

幼い頃、この作品を読み聞かせてもらった美智子様は、『デンデンムシノ　カナシミ』について次のようなお話をされました。

「まだ小さな子供であった時に、一匹のでんでん虫の話を聞かせてもらったことがありました。不確かな記憶ですので、今、おそらくはそのお話の元はこれではないかと思われる、新美南吉の『でんでんむしのかなしみ』にそってお話いたします。そのでんでん虫は、ある日突然、自分の背中の殻に、悲しみがいっぱい詰まっていることに気づき、友達を訪ね、もう生きていけないのではないか、と自分の背負っている不幸を話します。友達のでんでん虫は、それはあなただけではない、私の背中の殻にも、悲しみはいっぱい詰まっている、と答えます。小さなでんでん虫は、別の友達、又別の友達と訪ねて行き、同じことを話すのですが、どの友達からも返って来る答は同じでした。そして、でんでん虫はやっと、悲しみは誰でももっているのだ、ということに気づきます。自分だけではないのだ。私は、私の悲しみをこらえていかなければならない。この話は、このでんでん虫が、もうなげくのをやめたところで終っています。

あの頃、私は幾つくらいだったのでしょう。母や、母の父である祖父、叔父や叔母たちが本を読んだりお話をしてくれたのは、私が小学校の2年くらいまででしたから、3歳から7歳くらいまでの間であったと思います。その頃、私はまだ大きな悲しみというものを知りませんでした。だからでしょう。最後になげくのをやめた、と知った時、簡単にああよかった、と思いました。それだけのことで、とくにこのことにつき、じっと思いをめぐらせたということでもなかったのです。

しかし、この話は、その後何度となく、思いがけない時に私の記憶に甦って来ました。殻一杯になる程の悲しみということと、ある日突然そのことに気づき、もう生きていけないと思ったでんでん虫の不安とが、私の記憶に刻み込まれていたのでしょう。少し大きくなると、はじめて聞いた時のように、『ああよかった』だけでは済まされなくなりました。生きていくということは、楽なことではないのだという、何とはない不安を感じることもありました。それでも、私は、この話が決して嫌いではありませんでした」（『橋をかける――子供時代の読書の思い出』所収「国際児童図書評議会での基調講演」、2009年刊、文春文庫）

美智子様にとってこの作品はとても大切な作品だったのです。このように作品を深く受け止め、自分の言葉でそれを伝えられたら、とても素敵なことだと思います。

みなさんにも、人生で何度も記憶として蘇り、刻み込まれているような作品に出合っていただきたいと思います。

私にとってのそんな1冊に哲学者・三木清《みききよし》の『人生論ノート』があります。大学生の時に出合い、いつもそばに置いている本です。死について、幸せについて、個性についてなど、人生を考える時、大きな力を与えてくれます。

折りあるごとに何度も読み返し、人生の支えになるような本と出合うために、読書があるといってもいいでしょう。それこそが財産だと思います。

いま「わからない」ことも後で役に立つ

みなさんが勉強や読書をする目的には、行きたい大学に合格したり、なりたい職業に就いたりという、夢を実現するためということもあるでしょう。

しかし、社会に出ても、さまざまな場面で「教養」を必要と感じている人もたくさんいます。

ひと言に「教養」といってもいろいろな意味があります。一般的には社会に出ても困らない、必要な知識ととらえられていると思いますが、私が考える教養とは、**「教えてもらうと、理解できて、それがほかの知識とつながり、世界の複雑な成り立ちなどを考える糧《かて》になるもの」**です。

もちろん、教養は必要です。

ですが、教養とは別に、「素養」も必要だと思うのです。

「素養」とは、その時点ではなんだかわけのわからないことをたくさん習うことです。「禍福《かふく》は糾《あざな》える縄《なわ》の如《ごと》し」といったことわざや、『論語』の言葉など、読んでもなんのことだかわからないようなことです。

子曰　学而時習之　不亦説乎

（子曰く、学びて時に之《これ》を習う、亦た説《よろこ》ばしからずや）

『論語』のはじめに書かれているこの有名な文章は、ふつう、「孔子先生がおっしゃった。学んで、折に触れて復習するようにする、よろこばしいことではないか」と訳されます。しかし、これでは、孔子がなにを言いたいのか、まったくわかりません。

しかし、歳を重ね、40歳、50歳となった時、「ああ、こういうことだったのか」と実感することがあるのです。

この『論語』の文章を、私は、こんなふうに解釈しています。

「人と交わって技術やさまざまな問題解決の方法を教わる。それを、何度も自分で練習し、無意識のうちに自在に使うことができるようになる。そうすると、心の底から喜びがわき上がってくる」

孔子が生きていた時代、ここに使われたそれぞれの漢字が、どのような意味で使われていたのか、また当時の社会事情などを調べていくと、このような意味で

ネコってなに考えてるかまるでわからないよね
ニャ?
いつかアンタにも良さがわかる日がくると思うよ

孔子は言っているのではないかと、今の私は考えているのです。

ただ、もっと歳を重ね、研究をしていくと、さらに深い意味があったのだと思い知ることになるかもしれません。

古典とは、なにが入っているかわからない玉手箱のようなものです。

初めて読んだときにはなんのことかわからなかった言葉も、成長していく過程で、自分で答えを見つけられることがあります。

すぐには意味がわからない言葉を、どんどん自分の中に蓄《たくわ》えてください。それがみなさんの読解力をのばす栄養になります。

日本の文化を理解しよう

曖昧さが日本の文化をつくり出す

世界の文化に対して日本の文化はどういう役割を果たしているのでしょう。

私は、日本の文化の真髄《しんずい》は、「縁《えん》」にあるのではないかと考えています。

「縁」というのは、今は少なくなってしまいましたが、和風の住宅で座敷の外部にある板敷きの部分のことです。「縁側」ともいいます。

「縁」が、なんのためにあったのか、わかりません。

だから、不要だ、ムダだということで、最近の家には、縁（縁側）が造られなくなったのではないでしょうか。

ですが、「縁」がない家は、とても寂しく感じます。

「縁」は、内でもない外でもない曖昧《あいまい》な世界をつくっていました。

その家とまったく関係のない外部の人は、「縁」までは入れますが、家の人の許しなしに、それ以上内側に入ることはありませんでした。

子どもの頃から、人間関係の微妙さを学ぶためにも、「縁」は大きな役割を果たしていたのです。

こうした、内でも外でもない曖昧な世界が、日本の文化をつくり出していました。

「あなたのこと嫌い」と言っても、その人の本音がじつは「好き」だったり、誘いを受けた人の返事が「ありがとうございます」というだけでは、イエスなのか、ノーなのかわからなかったりということもあります。

これに対して、欧米《おうべい》の文化は、イエスとノーをはっきりさせることが求められます。

主語を明確にし、次に動詞が来るという欧米の文法体系と、主語はなくてもいいし動詞は最後で、しかも肯定か否定かは、動詞の後にくっつくという日本語の文法体系との違いが、こういう文化の違いを生み出したのかもしれません。

これから英語を含め、中国語やほかの外国語などを学ぶ過程で、日本語の言い方とは違うなぁと感じる機会がたくさんあるでしょう。

こうした**文化や考え方の違いを学ぶことも、読解力を高め深める**ことにつながります。

日本らしさ、自分らしさを守る

欧米の文化にならうだけではなく、若い人たちも日本独自の文化を守っていく必要があると私は思っています。

日本の文化が世界の文化と違いがなくなってしまったら、日本の文化はなくなってしまいます。

日本人が世界で生き残っていくためには、日本の文化を身につけておくことが本当に必要な時代だと思います。

縁（縁側）のような日本独特の曖昧なものをきちんと理解できることが、本当の教養だと思います。

そういったことを考えていくと、読解力を身につけることの重要さがわかってきます。

そして、国だけでなく、個人でも固有のものをもつことはとても大事なことです。自分らしさが必要になってくることもわかります。

読解力を身につけることは簡単ではないかもしれませんが、それを手に入れることで、あなた自身が自由になります。人から押し付けられた正解ではなく、自分なりの正解を見つけていけばいいのですから。

時には点数に縛られることもあるでしょう。ですが、**本当に大切なことは、自分自身が自由になるための力をつける**ことなのです。

どこにいても、どんな状況でも、自由闊達《かったつ》でいられること！

リーディングスキル（読解力）を身につけて外国人やＡＩにも負けない人間になるということも大切だと思いますが、自分独自の見識で語れる力をつけてほしいと強く願っています。

悩みは人を育てる（言葉は心の原動力）

言葉の海に漕ぎ出す君たちに羅針盤を

私は「本」というのは「人」だと思うのです。

知りたいことの答えを見つけるために、たくさんの本を読みます。これはたくさんの人に会って話を聞くことと同じなのです。出会った人からたくさんのことが学べます。尊敬できる人、気の合う人に出会うこともあるでしょうし、相手の欠点に気がついてしまうこともあるかもしれません。そして、外国の人でも、大昔の人にでも、ノーベル賞を獲った人とも会うことができます。

自分が望めば時間も場所も選ばず、何十万人もの人に会うことができます。たくさんの人に会って、直接学ぶことができるのです。

ここまで紹介してきたような読解力を身につけていけば、きっと実りの多い会話ができるようになるでしょう。それがみなさんの血となり肉となり、生きる力になります。

古代ギリシャの哲学者ソクラテスが、知者を求めて尋ね歩いたように、みなさんも求めるものを探す旅に出てください。

よく人生は「果てしなき航海」「あてのない航海」のようなものだといいます。しかし**読解力を身につけることは、大海原《おおうなばら》において、たしかなよりどころとなる羅《ら》針盤《しんばん》を持つこと**だと思います。

読者のみなさんが人生の長い航海を、「読解力」という羅針盤でより豊かな旅にしていただけることを願っています。

参考文献

『〈感動の体系〉をめぐって　谷川雁　ラボ草創期の言霊』　松本輝夫編
　２０１８年１月、アーツアンドクラフツ
『よみがえれ思考力』ジェーン・ハーリー著・西村辨作・原幸一訳
　１９９６年11月、大修館書店
『コンピュータが子どもの心を変える』ジェーン・ハーリー著・西村辨作・山田詩津夫訳
　１９９９年11月、大修館書店
『言語力　認知と意味の心理学』　藤澤伸介著
　２０１１年３月、新曜社
『アナロジーの力――認知科学の新しい探究』キース・Ｊ・ホリオーク、ポール・サガード著
　鈴木宏昭、河原哲雄監訳、１９９８年６月、新曜社
『類似から見た心』　大西仁、鈴木宏昭編著、日本認知学会編
　２００１年12月、共立出版

〈著者略歴〉
山口謠司（やまぐち・ようじ）
1963年、長崎県生まれ。大東文化大学文学部教授。博士（中国学）。大東文化大学大学院、フランス国立社会科学高等研究院大学院に学ぶ。英国ケンブリッジ大学東洋学部共同研究員などを経て現職。専門は文献学。
『日本語を作った男 上田万年とその時代』（集英社インターナショナル）で第29回和辻哲郎文化賞受賞。著書に『語彙力がないまま社会人になってしまった人へ』（ワニブックス）、『１分音読』（自由国民社）、『語感力事典』（笠間書院）、『文豪の悪態』（朝日新聞出版）、『０歳音読』（さくら舎）、『にほんご歳時記』（PHP新書）など多数。

13歳からの読解力
正しく読み解き、自分の頭で考えるための勉強法

2020年11月２日　第１版第１刷発行

著者　山口謠司
発行者　清水卓智
発行所　株式会社ＰＨＰエディターズ・グループ
〒135-0061　江東区豊洲5-6-52
☎03-6204-2931
http://www.peg.co.jp/
発売元　株式会社ＰＨＰ研究所
東京本部　〒135-8137　江東区豊洲5-6-52
普及部　☎03-3520-9630
京都本部　〒601-8411　京都市南区西九条北ノ内町11
PHP INTERFACE　https://www.php.co.jp/
印刷所
製本所　図書印刷株式会社

ISBN978-4-569-84680-4